RECIT DES MIRACVLEVX EFFECTS,

Qui sont arriuez en l'Armée du Roy en presence de sa Majesté.

Auec la conuersion de plusieurs Seigneurs, Chefs, & Soldats de ladite Armée, à la Foy Catholique, Apostolique & Romaine.

Par le Reuerend Pere TEXIER, de la Compagnie de IESVS.

A PARIS,
Chez ISAAC MESNIER,
Sur la coppie Imprimée, auec permission,
à Sainctes par Iean Bichon, Impri-
meur du Roy en ladite ville.
M.DC.XXI.

[illegible]

Recit des Miraculeux effects, arriuez en l'Armée du Roy, en la presence de sa Majesté.

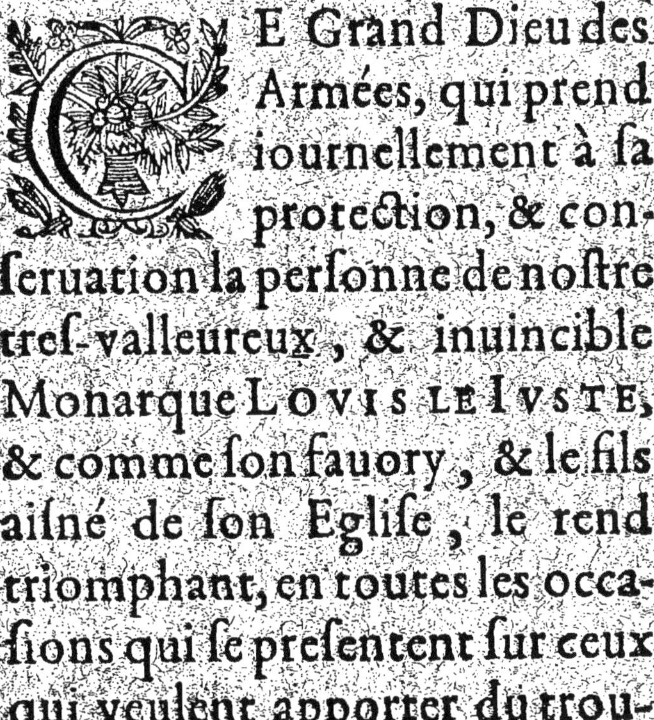

E Grand Dieu des Armées, qui prend iournellement à sa protection, & conseruation la personne de nostre tref-valleureux, & inuincible Monarque LOVIS LE IVSTE, & comme son fauory, & le fils aisné de son Eglise, le rend triomphant, en toutes les occasions qui se presentent sur ceux qui veulent apporter du trou-

ble en son Estat, & comme per-
uers sujets, sont rebelles a l'exe-
cution du commandement de
sa Majesté.

Ce Grand Dieu, dis-je, n'a-il
pas manifesté iusques à present,
qu'il prenoit la cause en main
de nostre Roy, faisant dissiper
tous les nuages, qui ont par le
passé, semblé vouloir submer-
ger ce Royaume François, le
raserenant clair & serain par les
diuins rayons de son Soleil de
Iustice.

Nul ne peut ignorer que ce
grand Roy par l'assistance Diuine, a bien sceu dominer cin-
quante & six villes rebelles, &
les rédre à son obeissance dans

peu de temps, lesquelles sem-
bloient auparauant l'Augusté
présence de sa Majesté, ou des
Princes, & Seigneurs, qui ont
toutes charges d'icelle, regim-
ber, comme les Geants contre
les Dieux, desquelles aucunes
reconnoissant leurs fautes en ce
soubmettant à l'obeissance que
tres legitimement ils doiuent à
leur Roy, ont resenti les effets
de la cleméce de sa Majesté, les
autres plus rebelles ont senti les
effects de sa iustice.

Ne pouuons nous pas enco-
re à iuste cause estimer pour miraculeux effect ce que nous a-
uons veu estre arriuez en la personne de plusieurs Seigneurs &

Soldats de l'armée de sa Majesté, tant durant le siege de saint
Iean d'Angely, que depuis en
diuers endroicts: comme tres-
veritablement il s'ensuit.

Le 25. may Monsieur le Comte d'Auriac faisant rompre les
escluses de Sainct Iulien, pour
empescher le cours de l'eau qui
passoit au pied des murailles du
faubourg de Taille-bourg, &
faisoit moudre les moulins de
Sainct Eutrope, Pincharrant,
moulin-vaut, Comporter, & la
grand Rouë, ceux de la ville
voyant cela, commencerent à
tirer leur canon, vn boulet tom-
ba entre la premiere & seconde
baricade, & coupa vne picque

en trois morceaux, sans faire
dommage dauantage, à plus de
quatre vingts Soldats qui e-
stoient proches d'icelle.

Le iour de la Penthecoste 30.
dudict mois, apres la Messe,
Messieurs le Mareschal de Pras-
lin, le Prince de Iainuille, le
Comte de la Roche-Foucault,
& plusieurs autres Seigneurs al-
lant reconnoistre la place, il fut
tué deux Cheuaux d'vn coup de
Fauconneau, & vn autre blessé
sur la criniere d'vn boulet de
canon, sans que iamais fut of-
fencé pas vn de tant qu'ils e-
stoient de personnes.

Le Mercredy 9. Iuin, vn canon de la batterie de Sainct Eu-

trope, l'vn de ceux qui auoient
esté amenez de Xainctes : creua
entre plus de six cens Soldats,
sans offencer personne, le Roy
n'en estant qu'à la portée de
deux mousquetade, , incon-
tinent sa Majesté, (& sur le
champ,) en renda grace à nostre Seigneur.

Le Samedy 9. Monsieur de
Crequi receut vn coup de
mousquet qui luy coula le long
de la jouë & l'effleura vn peu,
sans l'offencer dauantage, coup
fauorable & destourné de Dieu,
la valleur & les merites de ce
grand personnage sont assez
cognus, i'estime que ie luy fe-
rois tort d'entreprendre de le
louer,

loüer, veu que ces genereux
faits le rendront assez memora-
ble à la posterité.

Cependant que les gens du
Roy trauailloient aux tranchées, ceux de la ville tiroient
furieusement sur eux auec ar-
quebuses à roüet & autres, sans
que iamais il en pussent endom-
mager pas vn.

Le Mardy 12. dudit mois, vn
Canonnier estant à pointer son
canon, vne balle de Canon
coulla le long d'iceluy & le par-
tit en plusieurs morseaux sans
iamais l'offencer.

Le Dimanche 17. vn appointé de la premiere compagnie du
Regiment du sieur du Beau-

mont, homme assez deuot, vne balle coupa en trois la mesche qu'il tenoit entre ses doigts sans luy faire aucun mal, & ce miraculeux effet fut asseuré a sa Majesté par des Seigneurs de qualité qui estoient fort proche dudit appointé.

Le Mercredy ensuiuant qui estoit le 20. dudit mois, vn Soldat du Regiment des Gardes, attribua a vn Agnus Dei, qu'il portoit sur soy, en ce qu'vn boulet de Canon luy rompa son espée en plusieurs pieces sans luy faire aucune blesseure, ny a pas vn des Soldats qui estoient proche de luy.

Le Lundy 25. Vn des Ser-

gents de la premiere Compagnie du Sieur de Rambure,
fut miraculeusement guaranty
d'vn coup de mousquetade, la
balle ayant demeuré entre le
cordon, & le chappeau que
pour lors il auoit sur sa teste,
sans qu'il receut aucun mal.

Le lendemain, les assiegez
faisant vne sortie par vne fauce
porte, qui est entre la porte
d'Aunix, & la bonde du Cha-
steau, vn pareil effet miraculeux
arriua à la personne d'vn Caporal d'vne des Compagnies du
Regiment de Monsieur le Ba-
ron d'Estissac, vne balle de
mousquet luy vint razer l'es-
paulle droicte, & s'alla amor-

tir, entre sa bandoliere & son pourpoint sans l'offencer, ce qui fut veu par sa Majesté, ledit Caporal luy ayant esté mené par admiration.

Messieurs le Marquis de la Valette & de Sainct Luc estant aux tranchées proches de la ville, soustenant vne furieuse escarmouche des rebelles, & les respoussans de telle façon que ayant conduit leurs Soldats proches de la bresche, & les encourageant de bien faire à leur exemple, ledit sieur de S. Luc, eut vn coup de mousquet sa fraize releuée, & son pana-che frizé, sans estre blessé, & tout proche de luy fut tué son

Sergent major gentil-homme
tres-habille & vaillant, lequel
a esté fort regretté. Outre
tous les miraculeux effects, cy
dessus recitez, que l'on à veritablement remarqué estre arriués
en l'armée Royale de sa Majesté, & plusieurs autres, Dieu en
a faict paroistre encore d'vne
autre façon, ayant touché le
cœur de plusieurs Seigneurs
de qualité, Chefs, & Soldats
de ladicte armée, qui faisoient
profession de la Religion pre-
tenduë reformée, ausquels sa
diuine Majesté leur a tellement
decillé les yeux, & faict ouuer-
ture à leur entendement, que
par les doctes enseignemens du

Reuerend Pere Tixler de la
compagnie de Iesus, qu'il ont
abiuré en plain champ Royal
leur faute Religion, & se sont
conuertis à la Foy Catholique
Apostolique & Romaine.

Ce reuerend Pere depuis qu'il
est à la suitte de sa Maiesté s'est
rendu si soigneux de faire tous
les iours celebrer la saincte Messe par tous les Regimens de l'armée, & inuiter plusieurs Chefs
& soldats de l'entendre deuant
que d'aller au combat, les ad-
monestant de faire leur confes-
sion, & à receuoir le S. Sacremét
de l'Autel, leur remonstrant a-
miablement les dangers qu'ils
pouuoient encourir, imputant

en l'estat que pour lors ils pouuoient estre. Quelques vns tou-
chez du S. Esprit executoient
au mieux qu'il leur estoit pos-
sible les remonstrances du Pere,
tellement que pour vn iour il
s'est trouué trois cens soixante
communians, & bien quarante
cinq de conuertis à la foy Catholique.

Les malades, & blessez d'v-
ne & d'autre Religion sont fort
frequentez par ce Pere, les con-
solant en leurs maladies, leur
administrant les Saincts Sacre-
mens, trauaillant fort d'autre
costé à conuertir ceux de la pre-
tendue Religion, les mettãt au
chemin de la grace & de salut.

Ainſi ſont les deuotes exer-
cices iournaliere du Reuerend
Pere Tixier de la compagnie de
Ieſus, en l'Armée de ſa Majeſté,
laquelle nous pouuons indu-
bitablement croire que le
grand Dieu des Armées en eſt
le chef & conducteur.

F I N.

9 782019 990244